DOMBASLE

SON CHATEAU, SON PRIEURÉ, SON ÉGLISE.

DOMBASLE

SON CHATEAU, SON PRIEURÉ, SON ÉGLISE.

I.

Le village dont je vais parler n'a rien de remarquable en lui-même, si ce n'est pourtant la propreté de ses rues et l'élégance de ses constructions, et je n'aurais pas songé à compléter ce qu'en dit la *Notice de la Lorraine*, si je n'avais désiré enrichir les *Mémoires* de la Société d'Archéologie de deux jolis dessins représentant une partie de son église et les ruines de son vieux château[1].

Tel est le motif de cette monographie. Quelques pièces que j'ai découvertes dans nos Archives et les chartes imprimées dans les preuves de Dom Calmet, m'ont fourni plusieurs particularités qui ne sont peut-être pas tout-à-fait dépourvues d'intérêt.

1. Ces dessins sont dus à la plume de M. Georges Henry, de Dombasle, qui les a lui-même lithographiés.

Suivant un écrivain dont j'oserai me permettre de ne point partager l'opinion, Dombasle tirerait son nom d'une « circonstance de localité » : *Domus Pusilla,* petite maison, et son origine remonterait jusqu'à la période gallo-romaine[1]. Cette étymologie, toute ingénieuse qu'elle puisse paraître au premier abord, doit être mise au nombre de celles que certains archéologues se sont plu à imaginer et qu'on a trop légèrement reproduites d'après eux.

Le nom du village dont je m'occupe vient simplement de celui de son patron, saint Basle[2], solitaire du diocèse de Reims, qui vivait au VIe siècle, et dont le culte est assez répandu dans notre pays ; d'où il suit que Dombasle n'a pu prendre sa dénomination actuelle que postérieurement à cette époque. Il est fort possible qu'il y ait eu auparavant, sur le bord de la Meurthe, à l'endroit qu'il occupe, quelques habitations isolées, mais il n'y avait point d'agrégation importante.

Le plus ancien titre où il en soit fait mention est un diplôme de l'an 752 par lequel le roi Pépin, à la prière de Chrodegand, évêque de Metz, donne à l'abbaye de Gorze, *in pago Iniensi et in comitatu Scarponensi, in villa quœ Domno-busilla vocatur, mansos sex, et ecclesiam cum decimatione, et omni integritate ejusdem villœ.*

Ce diplôme, dont l'original n'existe plus, et que l'on ne connaît que par le texte donné dans les preuves de l'*Histoire de Lorraine*[3], a été appliqué à Dombasle, quoique

1. Voy. *Revue de Lorraine,* t. I, p. 299.

2. Des titres de 1416, 1505 et 1506 portent : Eglise Mr Sainct Baille de Dombaille ; église Mgr Sainct Basles de Dompballe ; ecclesia Sancti Basolli de Dompno Basollo.

3. T. I, col. 275 de la 1re édition.

la position topographique de ce village puisse soulever quelques doutes. Il est certain, en effet, qu'il était situé dans le Chaumontois et dans le petit *pagus* dont Port ou Saint-Nicolas était le chef-lieu. Aussi Dom Calmet croit-il qu'au lieu d'*Iniensi*, mot qui ne présente aucune signification géographique, il faut lire *Seginensi* ou *Portensi*[1]. Cette rectification, en supposant qu'on l'adopte, ne trancherait encore qu'une partie de la difficulté, car, d'après ce que nous savons, le Scarponais ne s'étendait pas, vers le nord-est, au-delà de Bouxières-aux-Dames, et il faudrait admettre qu'il eût fait momentanément une pointe jusqu'assez avant dans le Chaumontois[2]. Néanmoins, on doit se ranger à l'opinion généralement reçue, Dombasle étant la seule localité connue à laquelle puisse s'appliquer le diplôme en question.

La dénomination latine de ce lieu se régularise dans les documents postérieurs, tout en se présentant sous des formes diverses : ainsi, on trouve, en 1094, *Domnus-Basolus ;* en 1122 et 1147, *Domna-Basula ;* en 1157, *Dunbasla*[3] ; *Domnus-Bazolus* en 1467, et *Dompnus-Basollus* en 1506[4]. Les appellations françaises offrent de nombreuses variantes : *Donbaile,* en 1271, dans une charte latine ; *Donbaille,* en 1394 ; *Dombaille,* en 1416, *Dombaisle,* en 1429 ; *Dompbaille,* en 1469 ; *Dompballe,* en 1505, et *Dompbasle* en 1546[5].

1. Voy. *Notice de la Lorraine,* art. Dombasle.

2. Voy. *Quelques pagi de la Première Belgique, d'après les diplômes de l'abbaye de Gorze,* par M. H. d'Arbois de Jubainville, dans les Bulletins de la Société d'Archéologie, t. III.

3. *Histoire de Lorraine,* t. II, pr., c. 268 et 328.

4. Titres de la collégiale Saint-Georges, aux Arch. de la Meurthe.

5. *Ibid.*, et titres de la cure de Dombasle, *ibid.*

Dès le XIIe siècle[1], ce village donnait son nom à une famille, l'une des plus vieilles de l'ancienne chevalerie lorraine, et que Dom Calmet fait descendre de celle de Blâmont ; elle portait, dit-il, de sable à deux saumons adossés d'argent, l'écu semé de croix recroisetées, au pied fiché d'argent. Cette famille, qui fut alliée aux du Châtelet, aux Nancy, aux Fléville, aux Marchéville, se fondit dans celle de Lucy par le mariage de Marguerite avec Jean de Lucy, à qui elle apporta en dot, en 1420, la terre de Dombasle.

Un descendant de ce dernier, dont le souvenir mérite d'être conservé, Vary, prieur commendataire de Flavigny, se distingua par ses pieuses et intelligentes libéralités : en 1546, il fonda deux bourses au collége de la Marche, à Paris, pour y entretenir à l'étude, pendant huit ans, deux enfants nés à Dombasle, Grand-Vezin, Hudiviller, Crévic ou Anthelupt ; et, l'année suivante, il fit une nouvelle fondation pour aider à marier cinq pauvres filles de ces mêmes villages et de Flavigny.

La terre de Dombasle, qui formait deux seigneuries distinctes, fut possédée, depuis le XVIe siècle, par plusieurs familles : en 1506, Ferry de Savigny en avait une portion. Claude des Armoises, bailli de l'évêché de Toul, tenait, un peu plus tard, la seigneurie dite des Armoises, qui fut vendue au duc Charles III, en 1585. En 1613, Charles d'Haraucourt, seigneur de Germiny, Dombasle et autres lieux, et Ferry d'Haraucourt, acquirent du duc Henri II, en échange de partie de la terre d'Amelécourt, ce que ce prince possédait en la seigneurie de Dombasle, dite le ban de la Vaux. En 1655, Ferry d'Haraucourt, et Charles de

1. Voy. les chartes de 1122, 1147 et 1157, rappelées ci-dessus.

TOURELLE DE DROITE _ EXTERIEUR
CHATEAU
DOMBASLE
1861
Vue intérieure des Tourelles
prise de la terrasse.
Oubliette
de la Tourelle gauche.
L. Christophe Nancy.

Stainville en 1675, se qualifient *vicomtes de Dombasle*. En 1712, cette seigneurie appartenait à la maréchale de Bassompierre, et en 1747, au comte de Ligny[1].

Le village formait deux bans distincts, ayant chacun son maire et ses officiers de justice : l'un s'appelait le ban de Lamont ou des Seigneurs ; l'autre, le ban de la Vaux, Laval ou Saint-Gergonne, du prieuré Saint-Gorgon de Varangéville, qui y avait certains revenus, et ceux qui y résidaient s'appelaient les Gergonnets. Il y avait enfin treize maisons dites le Petit-Saint-Nicolas, où le prieur de Saint-Don et le chapitre de Saint-Georges se partageaient la dîme.

C'est sur le ban de Lamont que s'élevait le château[2] dont on voit encore les ruines, que représente, sous leurs différents aspects, le dessin de M. Henry[3].

Ce château s'appelait *la Mothe* ou *la Motte*[4], et les seigneurs qui le possédaient prenaient également ce nom : l'un d'eux, qui vivait sur la fin du XIVe siècle, se qualifie, en 1394, « Jehans de Donbaille, estuier, sire de la Motte de Donbaille », et en 1396, « Jehan de lai Moutte, dit de Dombaille[5] ».

1. Titres de la collégiale Saint-Georges.

2. Suivant Dom Calmet, dans sa *Notice*, et Durival, dans sa *Description de la Lorraine*, il y avait à Dombasle un second château appelé Florainville. Je n'en ai trouvé de mention dans aucun titre, mais une maison du village, qui n'a rien de remarquable, en a conservé le nom.

3. Nous devons faire observer que ce dessin ayant été reporté sur la pierre tel qu'il avait été exécuté, il se trouve *retourné*, c'est-à-dire que la droite du monument est à gauche, et réciproquement.

4. Il y a encore un bois de ce nom, dans le voisinage, sur le territoire de Flainval.

5. Archives de la Meurthe, titres de la cure de Dombasle, et Trésor des Chartes, layette Vaudémont domaine, n° 149.

Cette dénomination vient évidemment de la configuration du terrain, en monticule ou motte, sur lequel le château était bâti, et des archéologues pensent, peut-être avec raison, que cette configuration elle-même n'est pas le résultat d'une circonstance naturelle, mais d'un travail exécuté par la main de l'homme. Suivant eux, la Motte de Dombasle pourrait bien être un de ces monticules factices que les Gaulois élevaient sur la dépouille des morts, et auxquels ils donnaient quelquefois d'immenses proportions. Cela serait d'autant plus admissible, que cette élévation est isolée au milieu de la plaine où le village est construit. Je dois ajouter, toutefois, qu'aucune découverte d'objet antique n'étant venue, jusqu'à présent, corroborer l'opinion que j'expose, je me borne à la présenter comme une simple conjecture.

Quoique dépourvues de l'intérêt que leur donnerait leur présence sur un tumulus antique, les ruines du château de Dombasle en ont encore suffisamment pour mériter d'être étudiées.

On a prétendu que la construction primitive de cet édifice date du XIe siècle[1], mais sans appuyer cette assertion sur aucune preuve, ni même sur aucune hypothèse ; ce qui est certain, c'est qu'il existait à la fin du XIVe siècle, témoins les titres de 1394 et 1396 que j'ai rappelés précédemment. Quant à l'époque de sa destruction, ou plutôt de son démantèlement, il faut probablement la faire remonter au temps de l'occupation de la Lorraine par les troupes françaises, sous le règne de Charles IV. Mais, malgré les mutilations qu'il subit alors, il avait dû conser-

1. *Statistique monumentale des arrondissements de Nancy et de Toul,* par M. Grille de Beuzelin. Paris, 1837.

ver beaucoup de sa première physionomie : sa chapelle castrale, notamment, avait été respectée, et il en est encore fait mention dans des titres du siècle dernier.

L'enceinte de ce château[1] formait un polygone irrégulier : la porte d'entrée était défendue par deux tours, qui sont aujourd'hui notablement abaissées et coiffées de toits modernes ; dans l'une d'elles se trouvait un fond-de-fosse dont l'ouverture est bouchée. De la porte on arrivait à une terrasse qui régnait tout autour du château, lequel s'élevait au milieu, flanqué par un donjon qui en occupait la partie septentrionale, et sert aujourd'hui de cave et de resserre à un jardin cultivé dans l'enceinte des murailles. Le tout était protégé par un fossé profond, maintenant converti en houblonnière.

D'après les renseignements qui m'ont été fournis, cette petite forteresse aurait éte bâtie sur l'emplacement d'un ancien marais ou étang dont l'existence serait attestée par les troncs de vieux saules et la quantité considérable de conroi que des fouilles récentes ont mis au jour. La nature du sol primitif expliquerait suffisamment l'affluence d'eau que l'on remarquait encore, il y a une vingtaine d'années, dans les fossés.

Des anciens affirment qu'il y a eu de longs souterrains donnant issue entre Sommerviller et Dombasle, au milieu de la côte des Vignes, à un kilomètre et demi environ de ce dernier village.

Le château de la Motte fut, pendant quelque temps, converti en brasserie. Il resta inhabité de 1852 à 1859, puis fut reconstruit dans quelques-unes de ses parties, avec des changements nouveaux. Il sert actuellement tout

1. Voyez le plan ci-joint.

à la fois de maison de campagne et de rafraîchissoir pour la bière, dont la fabrication est une des branches de l'industrie locale.

Avant de voir s'élever cet édifice féodal, le village de Dombasle avait possédé, dans son voisinage, un monument religieux beaucoup plus ancien, et qui devait également disparaître, mais sans laisser de vestiges après lui. Je veux parler du prieuré de Saint-Don, que plus d'un habitant du pays ignore avoir jamais existé, et auquel se rattachent pourtant de pieux et intéressants souvenirs.

II.

Suivant une légende rappelée dans des documents authentiques, le territoire de Dombasle avait été, dès le ve siècle, le théâtre d'un événement qui, en rendant ce lieu célèbre, contribua sans doute à y attirer des habitants, lesquels, étant devenus assez nombreux deux cents ans environ plus tard, firent bâtir une église qu'ils dédièrent à saint Basle.

On lit dans une charte d'Henri de Lorraine, évêque de Toul, de l'an 1147[1], que les Vandales, durant une de leurs incursions dans nos contrées, firent souffrir le martyre, non loin des rives de la Meurthe, à un moine du nom de Donatus ou Donat, renommé pour sa vertu. Ce saint personnage fut inhumé près d'un chemin public, et des miracles ne tardèrent pas à s'opérer sur son tombeau, notamment en faveur des malades qui venaient lui adresser leurs prières et réclamer son intercession. Une femme, affligée de la perte de la vue, y ayant recouvré la lumière,

1. *Histoire de Lorraine*, t. II, pr., c. 528.

fit ériger à ses frais une petite chapelle (*basilicam parvam*) sur la tombe du saint martyr.

Cet édifice subsista jusque vers la fin du XIe siècle. A cette époque, Théodoric ou Thierry de Dombasle, ayant vu qu'il menaçait ruine à cause de sa vétusté, le rétablit et obtint que Pibon, évêque de Toul (1070-1107), en fît la consécration. Le prélat bénit aussi le cimetière, et, trouvant son enceinte trop exiguë, l'augmenta d'un terrain qui lui appartenait.

En 1122, rapporte une autre charte émanée de l'évêque Ricuin[1], Widric de Dombasle et Théodoric, son fils; Ida, matronne vénérable, et son fils Haymon, offrirent à Théomare, abbé de Saint-Mansuy, l'église dédiée à saint Don, bâtie sur leur propre alleu, le priant de la prendre sous sa direction et de lui donner les biens que son abbaye possédait à Dombasle. Théomare agréa cette demande, et l'évêque régla, de concert avec lui, ce qu'il devrait affecter pour la prébende des frères demeurant dans ce lieu. Widric et Ida firent don de quelques arpents de terre contigus au cimetière de Saint-Don (*Sancti-Dodonis*), et, afin de construire les bâtiments, le chemin fut reporté plus loin, et on élargit l'enceinte du terrain. Widric et Ida ajoutèrent à leurs donations précédentes ce qu'ils avaient dans l'église de Dombasle en dîmes et en offrandes. Enfin, il fut réglé que les frères établis déjà dans cet endroit et ceux qui, par dévotion pour le saint, viendraient y demeurer, auraient l'usage dans les pâturages, les bois et les eaux, comme les autres habitants.

La charte que je viens d'analyser permet de faire remonter la fondation du prieuré de Saint-Don au commen-

1. *Histoire de Lorraine*, t. II, pr., c. 268.

cement du XIIe siècle. Il y avait déjà, auparavant, des religieux qui desservaient la chapelle, mais ce fut sans doute seulement après la donation faite à Théomare, que ce prieuré reçut une organisation régulière et fut placé, comme l'abbaye de Saint-Mansuy, sous la règle de saint Benoît.

Du temps de l'évêque Henri de Lorraine, — et c'est ce dernier qui le raconte dans sa charte de 1147, — un clerc, nommé Hugues, nouvellement revenu de Jérusalem, vint trouver Renauld, alors abbé de Saint-Mansuy, et lui révéla son désir d'embrasser la vie monastique, mais avant, pour s'y préparer, de passer quelques années dans la solitude. L'abbé lui désigna le lieu de Saint-Don, et Hugues, y étant arrivé, trouva cette demeure tellement pauvre et dénuée de toutes choses qu'à peine était-il possible d'y avoir de quoi vivre pendant un jour et une nuit. Prosterné devant l'autel du saint martyr, le jeune solitaire promit de se consacrer tout entier à son service. Il sut faire partager la dévotion et l'amour qu'il lui avait voués, non-seulement aux gens du pays, mais encore à des étrangers, et bientôt il put renverser jusque dans ses fondements l'ancienne église, qui était très-petite, et en construire une beaucoup plus vaste. Il s'appliqua ensuite à augmenter les biens de cette maison, afin qu'ils pussent suffire à la nourriture des serviteurs de Dieu.

Haimon, fils d'Ida, s'associa à ses pieux efforts, et obtint de ses parents, dont un même embrassa la vie monastique, de nombreuses donations.

En 1147, la chapelle ou l'église du prieuré avait donc été déjà reconstruite pour la seconde fois. Jusqu'à quelle époque cet édifice subsista-t-il tel que Hugues l'avait fait élever? on l'ignore ; tout ce qu'on sait, c'est que le prieuré de Saint-Don fut uni avec ses biens à la collégiale Saint-Georges de Nancy, probablement en même temps que la cure de Dombasle, c'est-à-dire au commencement du XVIe siècle. Mais l'abbaye de Saint-Mansuy conserva les reliques du saint, qui étaient renfermées dans une châsse de bois doré.

Quoiqu'uni à la collégiale Saint-Georges, le prieuré continua à subsister, et son prieur, nommé sans doute par le chapitre, avait droit d'assister aux Etats généraux de Lorraine[1]. C'est ce qu'atteste une lettre de convocation à ces assemblées, qui lui fut adressée le 16 novembre 1585, et dont la minute se conserve dans les papiers de la collégiale.

Les documents nous font absolument défaut pour suivre l'histoire du prieuré de Saint-Don depuis le XIIe siècle jusqu'aux dernières années du XVIIe? Il est assez vraisemblable que, durant les guerres qui désolèrent notre pays, l'église et les bâtiments conventuels avaient été ruinés et le service transféré dans l'église du village, car, en 1673, il ne restait plus qu'une petite chapelle que le chapitre de Saint-Georges venait de faire rétablir. C'est ce qu'on lit

1. On lit dans une pièce portant la date de 1570 : « Les chanoines de Saint-Georges ont, à cause du prieuré de Saint-Don, incorporé à leur église, seigneurie et juridiction au village de Dombasle, établissement de maire et sergent, et une maison franc alleu, en laquelle il y avait lieu et marque d'incarcération. Ils ont toujours joui et usé de ladite seigneurie et franchise, et en vertu de ce sont appelés particulièrement aux Etats. Tous ceux qui ont résidé en ladite maison ont été francs et exempts de toutes tailles, tant ordinaires qu'extraordinaires. » Cette maison franche s'appelait *le Prieuré de Saint-Don*, et se trouvait dans la rue du Chaufour.

2. On voit seulement, dans un contrat d'amodiation des revenus du prieuré de Saint-Don, en 1583, que le prieur s'engage à entretenir l'église et les bâtiments du prieuré.

dans une requête adressée, en 1709, par les chanoines, à l'évêque de Toul et au duc de Lorraine, et où se trouvent consignées les dernières particularités relatives à l'existence du prieuré :

« Supplient humblement les vénérables prévôt, chanoines et chapitre de l'insigne église collégiale de Saint-Georges de Nancy, disant que de leur église dépend une petite chapelle érigée sous l'invocation de saint Don, en forme d'ermitage, sur le grand chemin de Dombasle à Lunéville, à l'orée du bois de Hudiviller, dans laquelle il ne se fait aucun service divin, ayant été transféré partie dans l'église des suppliants, partie dans la paroisse de Dombasle, depuis que le chapitre possède cette petite chapelle.

» De tout temps cette chapelle a paru très-dangereuse au public, et surtout pendant les guerres ; personne n'osait s'y réfugier de crainte des troupes qui y passaient journellement[1], et ç'a été toujours un réceptacle de voleurs et de bandits, qui ont donné, de temps à autre, des marques funestes de cette fatale retraite ; ce qui aurait obligé M. le comte de Bissy de donner ses ordres, en l'année 1675, le 17 mai, pour faire essarter les haies et les bois contigus à ladite chapelle, afin qu'il y eût du moins quelque découverte à l'entour et que l'on pût se précautionner contre les mauvais coups qui ne s'y faisaient que trop souvent.

» Les suppliants, chargés de l'entretien de cette chapelle, l'avaient fait entièrement rétablir en l'année 1673,

1. Les ermites eux-mêmes pouvaient souvent, par leur conduite, inspirer de la crainte : en 1669, celui qui habitait l'ermitage de Saint-Don avait été condamné à faire amende honorable, être battu de verges et banni, pour faux, blasphèmes, impiété et sacrilége.

et avaient pris la précaution d'obliger leurs fermiers des dîmes de Dombasle de veiller à la conservation d'icelle et d'y fournir ce qui était nécessaire. Mais, en l'année 1674, et depuis, les gens de guerre y étant passés à grande foule, ruinèrent la plus grande partie de ce lieu, et, depuis ce temps, il n'en est plus resté que quelques vestiges qui n'ont pas laissé d'occasionner encore des accidents fâcheux qui y sont arrivés.

» Les suppliants ne feraient pas de difficulté de rétablir ce lieu et le remettre en son état, comme leur conscience les oblige d'entretenir les biens de leur église ; mais ils prévoient que ce serait une dépense non-seulement superflue, mais qui pourrait même encore avoir des suites fâcheuses. Le passé leur fait craindre l'avenir. Ce bâtiment, d'ailleurs, ne paraît de nulle nécessité, puisque l'on n'y fait jamais aucun service divin ; les suppliants le font exactement dans leur église, et paient la rétribution des messes qui se disent à Dombasle. Il n'y paraît aucune antiquité ni engagement de piété qui puisse leur rendre recommandable cette chapelle. C'est pourquoi les suppliants ont recours à Votre Grandeur pour la supplier de trouver bon que l'on achève de ruiner ce reste de bâtiment qui subsiste, à la place duquel ils se soumettent de faire poser une croix de pierre de taille sur un piédestal, avec une inscription portant que c'était autrefois la chapelle de Saint-Don, ruinée par le malheur des guerres. Les passants y trouveront leur sûreté. C'est la route la plus fréquentée de Lorraine, sur laquelle on ne peut prendre trop de précautions pour la rendre libre et exempte de toute crainte. »

L'évêque de Toul et le duc de Lorraine s'empressèrent de faire droit à la requête du chapitre, et les derniers vestiges du monument qui rappelait le martyre de saint Don, disparurent. La croix elle-même, destinée à perpétuer ce souvenir, si elle fut érigée, ne semble pas avoir subsisté longtemps, car Dom Calmet n'en parle pas, et on ne la voit pas figurée sur la carte de Cassini, à l'endroit qu'elle devrait occuper[1].

III.

Il me reste maintenant à parler de l'église de Dombasle qui, bien que défigurée par une reconstruction moderne, conserve encore, dans quelques-unes de ses parties, d'intéressants détails d'architecture. Ces restes d'un édifice plus ancien que le monument actuel, sont loin de provenir, on le pense bien, de l'église primitive mentionnée dans le diplôme de Pépin ; ils ne remontent pas au-delà du xve siècle, et dénotent une réédification qu'une autre, ou même peut-être plusieurs autres, avaient déjà précédée. Les titres que j'ai compulsés ne contiennent absolument rien à cet égard ; ils fournissent seulement des renseignements historiques dont la plupart ne sont pas mentionnés dans la *Notice* de Dom Calmet.

On a vu que, dans l'origine, l'église, ou plutôt la cure de Dombasle, avait été donnée à l'abbaye de Gorze ; dans la suite, et à une époque qui n'est pas connue, elle appartint à l'abbaye de Saint Mansuy de Toul, laquelle, en 1456, en céda le droit de patronage au chapitre d'Haus-

1. Cet endroit, qui est encore parfaitement connu aujourd'hui, et où l'on remarque des vestiges d'anciennes constructions, se trouve à un kilomètre environ de Dombasle, sur le bord du chemin qui conduit au bois d'Hudiviller. Il y a, dans le voisinage, une fontaine dite de *Saint-Don*.

sonville, en échange de ce que celui-ci possédait à Pulnoy. En 1467, le même chapitre abandonna à la collégiale Saint-Georges le droit de patronage et portion des dîmes de la cure de Dombasle, dont les fruits et revenus furent unis à perpétuité à la mense capitulaire de la collégiale, par une bulle du pape Jules II, du 18 des calendes de février 1506 (1507), à charge de faire desservir la paroisse par un prêtre que les chanoines pourraient établir et destituer à volonté, mais qui serait tenu de recevoir le soin des âmes de l'évêque diocésain[1]. La Primatiale de Nancy, qui hérita des biens du chapitre de Saint-Georges, succéda à ses droits sur la cure de Dombasle, et, en même temps, aux charges que le chapitre avait supportées, en sa qualité de décimateur, conjointement avec le prieur de Varangéville. C'était eux qui devaient faire les réparations de la nef, et le curé celles du chœur. Le Bailliage de Nancy avait, le 30 août 1685, rendu une sentence qui les y condamnait ; ce qui fait supposer que des travaux avaient dû s'exécuter à cette époque.

Rien n'indique quelle en fut l'importance ; mais, en 1751, il y en eut de considérables, et qui amenèrent une transformation complète de l'édifice. A cette époque, et d'après les plans et devis[2] dressés par l'architecte Gentillâtre, approuvés par M. de La Galaizière, il fut procédé au « rétablissement » de l'église de Dombasle[3]. Le devis nous apprend que « tous les murs de la nef, les bas-côtés et les voûtes de l'ancienne église et des chapelles » furent

1. Titres de la collégiale Saint-Georges.

2. Ils sont conservés parmi les papiers de la collégiale Saint-Georges.

3. Lors de cette reconstruction, les ossements des morts ont été déposés dans les fondations de l'ancienne église, c'est-à-dire à dix pieds au nord du côté du mur de la nouvelle.

démolis. On conserva la tour, quoiqu'un de ses angles demandât quelques réparations, qui furent jugées pouvoir être différées. On abattit « une partie de la maçonnerie entre deux nervures de la voûte et ladite tour pour établir le passage au beffroi ». On eut soin, avant de démolir « les tribunes et les voûtes de la nef », d'enlever les « pavés, vitres, portes, autels, cadres, tableaux, figures en reliefs et bas-reliefs ». Les piliers de la nef, appartenant aux décimateurs, et les nervures des ogives à la communauté, firent partie des débris que l'on permit à l'entrepreneur de remployer, et il fut tenu de rétablir et reposer les autels latéraux.

Les conditions imposées à ce dernier expliquent parfaitement l'état actuel de l'église de Dombasle. L'église proprement dite n'offre aucune trace d'antiquité ; c'est un vaisseau tout simple, comme on en voit partout, et qui ne mérite pas une description. La tour seule est antique. On peut en avoir une idée en jetant les yeux sur le clocher de Saint-Epvre ou sur celui de Malzéville ; seulement, elle est moins considérable que le premier, et plus haute que le second. C'est un massif carré, composé de plusieurs étages en retraite les uns sur les autres, et flanqué de contreforts peu saillants, divisés eux-mêmes en deux étages terminés par des revers d'eau. L'ancienne entrée se trouvait au milieu de cette tour ; mais, à l'époque où l'on a élevé l'église nouvelle, on a laissé la tour un peu à droite, et on a muré le passage, en sorte que le rez-de-chaussée, qui servait autrefois de vestibule, forme maintenant une espèce de réduit, en partie obstrué par un escalier.

La décoration extérieure est fort élégante ; mais elle a malheureusement subi de nombreuses et irréparables mutilations. Cette porte est encadrée, à droite et à gauche,

Lith. L. Christophe - Nancy. G. Henry, del. 1861.

ANCIENNE PORTE DE L'ÉGLISE DE DOMBASLE

par deux contreforts, assez semblables à ceux dont je viens de parler, mais beaucoup plus légers et décorés de pinacles. Les piédroits, couverts de moulures d'un profil gracieux, présentent, de chaque côté, une console d'un travail admirable. Ces deux consoles soutenaient autrefois des statuettes, maintenant détruites, et chacune est surmontée d'un petit dais, découpé à jour. La porte elle-même se termine par un linteau, chargé d'un enroulement de feuillages très-bien fouillés, et au-dessus du linteau se dessine une arcature en accolade, dont la forme ne permet pas d'assigner à toute la construction une autre date que la moitié du xve siècle. Les rampants de l'accolade sont ornés de feuilles de chou et d'animaux fantastiques, et son extrémité supérieure supporte un objet, aujourd'hui trop mutilé pour qu'on puisse le reconnaître. Tout porte à croire que le tympan était primitivement aveugle et chargé d'un bas-relief; mais, dans le but, probablement, de donner du jour au rez-de-chaussée de la tour, on a enlevé le haut de ce tympan, et on a bouché l'ouverture en y plaçant une claire-voie en pierre, dans le genre flamboyant, qui paraît avoir surmonté les meneaux d'une fenêtre de l'ancienne église. Tout dégradé qu'il est, le portail de Dombasle produit encore un certain effet, surtout lorsqu'il est vivement éclairé par les rayons du soleil, qui font ressortir les moindres détails des riches sculptures que je viens de décrire[1].

L'église n'a conservé, à l'intérieur, que quelques-uns des monuments qui devaient s'y trouver autrefois : ce sont des pierres tombales et des inscriptions, malheureusement en bien petit nombre.

Des premières, il en reste seulement deux, ou plutôt

2

1. Voyez la planche ci-jointe.

les fragments de deux, à l'entrée du chœur, et encore ces fragments ont-ils été rapprochés avec si peu d'ordre, qu'une pierre du XVe siècle en encadre une du XVIIe. La plus ancienne est celle de la femme d'un nommé Nicolas Broquart, receveur de Nancy ; l'autre, celle de Claude Saulnier, clerc du diocèse de Toul, fils de Marc-Léopold Saulnier, avocat, et de demoiselle Anne Léger.

Quant aux inscriptions tumulaires, il y en a trois : la première, encastrée dans le mur de la chapelle des fonts baptismaux, derrière l'ancien portail de l'église, est en majuscules romaines, et ainsi conçue :

HINC ME NON MOVEAT
ANTE DIEM ITE VENITE
OBIIT 1570.

IO GAG | GVERIN.

La dernière ligne est séparée des précédentes par des emblèmes gravés en creux sur la pierre : un calice entre deux burettes, qui indiquent la profession de l'individu auquel l'inscription est consacrée : c'était un prêtre, probablement curé ou vicaire de Dombasle, ou chapelain de l'une des chapelles fondées dans l'église.

La seconde inscription se trouve sur un des piliers, non loin de la porte d'entrée ; elle est en caractères gothiques et porte ce qui suit :

Desoubz ceste tombe gist Jehanne
qui fuit femme de Claude Ladine (?)
de Nancy qui trespassa le vj^e jour
d'octobre l'an m. cccc et lij Priez
pour elle.

La troisième inscription existait originairement dans une chapelle, vraisemblablement celle des Seigneurs, qui a été démolie ; elle a été replacée, sans doute lors de la reconstruction de l'église, dans la muraille, près de la petite porte située en face du presbytère. Cette inscription, en caractères gothiques comme la précédente, offre un intérêt particulier, d'abord à cause de ses dimensions, car elle n'a pas moins d'un mètre 40 c. de hauteur sur 82 c. de largeur ; puis en raison des personnages dont les noms y sont rappelés. Elle est disposée sur deux colonnes et surmontée d'ornements emblématiques, gravés en creux : dans le milieu, une tête de mort avec deux os en sautoir ; de chaque côté, et comme symbole d'humilité, des écussons renfermant des têtes de mort.

Grâce à un estampage parfaitement exécuté[1], j'ai pu étudier à loisir cette inscription et en faire une copie satisfaisante, à part certains passages effacés par suite des dégradations dont la pierre a été l'objet. Malgré son étendue, j'ai cru devoir la reproduire, pensant qu'elle ne serait pas lue sans curiosité[2] :

Lan de graice Nostre Seigneur mil v^{c} xx et iii,
le xviie iours doctobre, fut sacrée ceste chapelle,
et le iours ensuivant, par la licence et auctorité

1. Par M. Demay, membre de la Société d'Archéologie, et M. G. Henry, à l'aide de papier sans colle, fortement mouillé, appliqué sur les caractères, dans le creux desquels on le fait pénétrer en le frappant avec une brosse. Par ce procédé, aussi simple que facile, on pourrait, ce qui serait une chose fort désirable, recueillir les anciennes inscriptions qui se trouvent encore en grand nombre dans les églises, et remédier à leur destruction, en en conservant des empreintes parfaitement exactes.

2. Les mots entre crochets sont ceux qui se trouvent effacés, mais que le sens de la phrase m'a permis de rétablir ; ceux que je n'ai pu lire sont remplacés par des points. J'ai aussi introduit une ponctuation, qui fait complétement défaut sur l'original, afin de rendre l'inscription plus intelligible.

de reverend pere en Dieu Hugo des Haisars, evesque et conte de Toul, et de mess. les curés de seans, ont estez levés de lancienne chapelle et mis en icelle les ossemens de feu honoré seigneur Henry de Dombaille, chevalier, seigneur seul de la Moutte et de Dombaille, et de damoiselle Bietry du Chastellet, femme dudict seigneur Jehan[1], et de seigneur Errard de Dombaille, escuier, filz dudict seigneur Jehan et de damoiselle Merguerite de Nancey, femme dudict sei-

1. Il y a evidemment ici, comme à la ligne suivante, une faute provenant d'une distraction de l'ouvrier chargé de graver l'inscription : au lieu de *Jehan* il faut lire Henry. On lit, en effet, dans la *Généalogie de la maison du Châtelet*, p. 28, que Béatrix, fille d'Henri (1322-1341), fut mariée à Henri de Dombasle et devint mère d'Errard, qui épousa Marguerite de Nancy, dont il eut Jean de Dombasle. Le premier mariage de celui-ci avec Marguerite de Fléville fut stérile, et il épousa en secondes noces Jeanne de Marcheville, fille de Jean et de Marguerite de Nancy. De ce mariage vint Marguerite, qui s'allia à Jean de Lucy et lui apporta en dot, en 1420, la terre de Dombasle.

Les titres conservés au Trésor des Chartes me donnent les noms suivants de membres de la famille de Dombasle :

Henri. 1272, 1276.
Agnès, femme d'Albert de Laveline. 1294.
Ferry, chevalier. 1315, 1316.
Jean, chevalier, et Henri, son frère. 1319.
Ferricus de Domnobasalo. 1378.
Jean. 1395.
Odette ou Oudette, femme de Liébaut de Tilleux. 1397.
Hillevix, fille de Ferry. 1416.
Ferry. 1431, 1434.
Simonin. 1526, 1534.
Simon, marié à Nicole de Brechainville. 1529, 1530 (peut-être le même que le précédent).
Bernardin. 1551.
Nicolas. 1574, 1588.
Jeanne. 1612.
Pierre. 1624.
François 1626

gneur Errard, et de seigneur Jehan de Dombaille, filz dudict seigneur Errard et de ladicte damoiselle Merguerite, et de ses deulx femme, damoiselle Merguerite de Fleville et de damoiselle Jehanne de Mercheuville; ..... damoiselle Merguerite de Dompbaille, fille dudict seigneur Jehan et de ladicte damoiselle Jehanne de Mercheville, dame de la Mout et de Dombaille en partie, et de messire Jehan de Lucey[1] chevalier, son mary; et de seigneur Maheu de Lucey, escuier, seigneur dudict lieu et de Dombaille en partie, filz dudict seigneur Jehan de Lucey et de ladite damoiselle Merguerite de Dombaille, et damoiselle Catherine de Savegney[2], sa femme. Item, et de messire Vary de Lucey, chevalier, seigneur dudict lieu et de Dombaille en partie, filz dudict seigneur Maheu et de ladite damoiselle Catherine de Savegny, et de sa femme, dame Jehanne de Savegny. Item, lan mil v^c^ et xxx, le iiiie iour de iullet, fut inhumé messire Maheu de Lucey, chevalier, [filz] dudict seigneur Vary et de ladite dame Jehanne, seigneur dudict lieu et de Dombaille en partie, en son vivant conseiller et maistre d'hostel de monseigneur le duc, lequel, luy et sa femme, dame Claude de Craincourt, conioinctement ensemble, ont edifiez ceste presente chapelle. Priez Dieu pour eulx. Lan mil v^c^ et xxx iiii, le xve iour de decembre, ie dame Claude de Craincourt, dame de Vathiemont et de Letricourt en partie, vefve de feu [honoré seigneur] messire Maheu, chevalier, [seigneur de Lucey] et de Dombaille en partie, [par le consentement] des procureurs et vicaires mess. les curés de seans, a fondez en ceste presente chapelle une haulte vigiles de neufz leiçons et une haulte messe et ung obseque pour son anniversaire, dicte en la grant sermainne, tous les ans et à tousiourmais par les curés ou vicaires de seans, et pour icelle ont donné xii gros, assavoir

1. Lucy.

2. Savigny.

x groz au curé et deulx gros aux prebtres qui aideront à chanter, et prandre ledict frais sur ung prey en Rurey, lequel ait acquesté à Jehan de Sermamont. Item ait eu fondez ladite dame, tous les ans et tousioursmais, une hault messe et ung obseque dict par les curé ou vicaires de seans, le xve iour de mars, pour l'anniversaire de son filz, damoiseur Jacque de Lucey, lequel mourut au royaume de Naples ; et ait donné vi gros, assavoir v groz au curé et ung groz aux prebtre et clerc qui aideront à chanter ; et les ait acquestez à Denis Baigart sur ung prei seant desou les vignes de Crevy, aupres du moulin d'Aulnez. Item, ait encor fondez ladict dame, tous les ans et tousiourmais, le iour de la Toussaint, une haulte vigile, et le iour des armes, apres le service, ung obseque dict par les curé ou vicaires de seans, pour elle, son feu mary et tous ses predissesseurs ; et pour icelle ait donné xv gros, assavoir x gros au curé et vi soulx aux prebtres et clerc qui aideront à chanter, et ii soulx au marlier ; et ait acquestez lesdicts xv gros à François Thouveny, marchant, demourant à Sainct Nicolas, et à Marte, sa femme ; et y ait ix gros assignez sur trois faulcies de prey en [v piesse], seant en Rurrey, et les autres groz assignez sur la moictié d'ung aultres prey contenant v faulcies, seant en hau de Sainct Gergonne, de costé le bois le Mo..... ; et ait delivrez ladicte dame les lettres d'acquest de ceste fondation à messire Coullin Remey, vicaire de la cure de Dompbaille.

Les titres de la collégiale Saint-Georges et ceux de la cure de Dombasle[1], complétement muets à l'égard des fondations rappelées dans l'inscription qui précède, en mentionnent plusieurs autres faites dans l'église à charge d'anniversaires : la plus ancienne est celle que fit, le lundi

1. J'ai aussi consulté les archives de la fabrique, que M. l'abbé Collot, curé de la paroisse, a bien voulu mettre à ma disposition.

avant Noël 1394, Jean de Dombasle, dont il a déjà été parlé, d'une somme de deux gros tournois de rente annuelle.

Le 24 décembre 1505, Godard Guillot, curé du lieu, fait un testament par lequel il élit sa sépulture en l'église « Monseigneur sainct Basles de Dompballe, devant le ciboire où poise le corps de Nostre Seigneur ». Il ordonne que sur sa fosse soit mise et posée une tombe de pierre blanche taillée, à l'entour de laquelle « sera escript ung épitaffe du jour de son trespas » ; que, en la muraille de l'église, au plus près de ladite fosse, soit mise et affixée une pierre de taille blanche en laquelle seront écrites, dénommées et gravées les fondations faites par lui. Il prescrit ensuite différentes donations, dont quelques-unes en faveur de l'hôpital de Dombasle et de la chapelle des Seigneurs, dont il était chapelain.

En 1530, Nicole Caignon, prêtre, fait un testament analogue à celui que je viens de citer, stipulant également la pose d'une pierre blanche taillée sur sa tombe, et d'une autre dans la muraille de l'église, destinées à rappeler la date de sa mort et ses pieuses donations.

Une chapelle de l'église, fondée, disent les Pouillés du diocèse, par les Chatton d'Ogéviller, sous le titre de l'Annonciation de la Sainte-Vierge et de Saint-Nicolas, portait aussi le nom de chapelle Cagnon ou Caignon, sans doute parce que ce dernier avait été un de ses bienfaiteurs.

Outre cette chapelle, il y avait celle de l'Assomption Notre-Dame, fondée par Ferry de Dombasle, « en la senestre partie de la couxiée de l'église » ; fondation qui fut confirmée, en 1416, après la mort de Ferry, par Hillevix, sa fille, femme de Vautrin de Bouxières, laquelle ajouta un chapelain à celui que son père avait doté pour la desserte de la chapelle. Par un autre acte daté de l'année 1429, cette dame confère le droit de présentation du chapelain fondé par elle au chapitre de Saint-Georges, à Jean, sire d'Haussonville, son frère, et, après le décès de celui-ci, à son fils aîné ou héritier mâle. Cette chapelle fut réunie, en 1725, à la mense capitulaire du chapitre, dans l'église duquel un décret de l'évêque de Toul, du 17 mai 1673, avait permis de célébrer les vingt-cinq messes annuelles auxquelles avait été réduit le nombre des messes instituées par la fondation primitive.

Il existait enfin, au collatéral à droite en entrant, une chapelle dite de Notre-Dame-de-Pitié, érigée, en 1520, par François de Savigny et Valence de Thiacourt, sa femme. En 1556, Jeanne de Savigny, veuve de Jean de Vatronville, bailli d'Epinal, donne à messire Philippe Haddy, chanoine de Longuyon, recteur de la cure de Dombasle, une maisière joignant la maison de cure, à charge par lui et ses successeurs de célébrer chaque année, le jour de la Madelaine, en la chapelle de ladite dame, une messe haute avec deux cierges ardents, sur les tombes de ses parents et amis qui y étaient inhumés. Le service de cette chapelle fut transféré dans celle du château par décret épiscopal du 11 janvier 1674.

Un autel de l'église, dédié à sainte Lucie, servait à la célébration des offices de la confrérie de saint Isidore, patron des laboureurs, qui avait été fondée, le 16 mai 1644, par un nommé Jean Grandmengin, dit Maldiné, et Claude Lhuillier, sa femme. Deux autres confréries, celle de Notre-Dame, dont il est fait mention en 1545, et celle des Morts ou des Agonisants, qui ne remonte pas au-delà du siècle dernier[1], existaient aussi dans la paroisse de Dombasle.

La fête du patron se célébrait anciennement le 15 octobre, jour de la translation du corps de saint Basle ; mais cette époque étant celle où les travaux de la vendange occupaient les paroissiens et les détournaient quelque peu des exercices de piété, ils sollicitèrent de l'évêque de Toul et en obtinrent, le 6 mai 1718, la permission de reporter cette fête au 26 novembre.

J'aurais voulu compléter ce qui concerne l'église de Dombasle par l'indication des objets précieux qu'elle avait possédés, soit en reliquaires, soit en meubles, soit en ornements sacerdotaux ; mais je n'ai pu trouver, à cet égard, qu'une note sommaire consignée dans l'inventaire des titres de Saint-Georges, sous les dates de 1622 et 1623, et portant ce qui suit : « Deux actes concernant le don et présentation fait à la chapelle Notre-Dame de Dombasle d'un reliquaire contenant une goute du lait de la Sainte-Vierge, apporté de Malte par le chevalier de Seraucourt ». Ces deux actes ont malheureusement disparu, et on n'a point de détails sur la relique dont il vient d'être parlé. J'ai lieu de présumer qu'elle fut déposée dans le trésor de la collégiale Saint-Georges, et que c'est elle qu'on trouve ainsi mentionnée dans un inventaire des objets précieux que possédait cette église, rédigé en 1664 : « Du précieux laict de la Sainte-Vierge enchassé dans une Notre Dame d'argent pesant, avec son pied d'estal, vingt six marcs deux onces, le sceptre en partie, asçavoir la poi-

1. Elle avait été fondée par Simon Rollin, curé de Dombasle, qui lui fit une donation en 1737. Des indulgences furent accordées à ses membres par le pape Benoît XIII, le 7 mars 1728.

gnée, la couronne et le reliquaire d'or, le haut du sceptre est argent d'argent (*sic*) doré, la croix d'or qui estoit au dessus du monde ne se trouve plus, l'une des branches de la couronne est rompue ».

Telles sont les particularités qu'il m'a été possible de recueillir sur le château, le prieuré et l'église de Dombasle. Elles sont loin d'avoir toutes de l'importance; néanmoins elles m'ont paru mériter d'être consignées dans cette monographie. Elles rappellent des traditions que le temps a effacées pour la plupart, et qui ne se sont pas même conservées dans la mémoire des habitants du village. Si les ruines de la Motte leur indiquent qu'il y eut, à la place qu'elles occupent, un vieux manoir féodal, ils ne connaissent probablement pas les noms des seigneurs qui l'habitèrent. Tous ne savent pas que leur église primitive existait dès le milieu du VIIIe siècle, et quelques-uns ignorent peut-être qu'à quelque distance s'élevait un prieuré bâti sur le lieu même où un saint souffrit le martyre.

Ce dernier souvenir serait digne, plus que tous les autres, d'être perpétué; et si, en 1709, le chapitre de Saint-Georges négligea d'accomplir sa promesse en faisant ériger une croix sur l'emplacement de la chapelle qu'il obtint la permission de démolir, les paroissiens de Dombasle devraient avoir à cœur de réparer cet oubli, en élevant, à cet endroit, un monument commémoratif, si modeste et si simple qu'il fût.

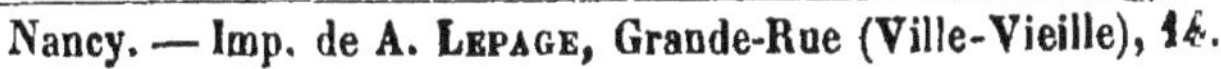

Nancy. — Imp. de A. Lepage, Grande-Rue (Ville-Vieille), 14.

www.ingramcontent.com/pod-product-compliance
Ingram Content Group UK Ltd.
Pitfield, Milton Keynes, MK11 3LW, UK
UKHW022203190726
13855UKWH00004B/1597